날 개

소향 강 은 혜 제2시집

홍 익 출 판 사

천지시낭송협회

코스모스 여인

그랜드 캐니언

브라이스 캐년의 기도

시인의 말

세상에서 제일 아름다운 것은 꽃이 아닙니다.
시詩가 제일 아름답습니다.
시는 마음을 찍는 사진사입니다.

슬픈 사람의 마음을 찍어 슬픔을 공유하면
슬픔은 사라지고 기쁨이 되기 때문입니다.
절망의 마음을 찍어 같이 공유하면 희망이 싹트기 때문입니다.
저는 다시 태어나도 시인이면 좋겠습니다.

꽃보다 아름다운 詩를 주신 하나님이 천지 만물을 만드시고
보시기에 좋았더라 하신 것처럼 천지 만물을 노래할 수 있는
시 쓸 수 있게 해 주시니 감사합니다.

그리고 바쁜 중에도 이광복 한국문인협회 명예회장님은
겸손하시고 작은 일도 최선을 다하시는 존경하는 훌륭한 분이십니다.
저같이 부족한 시인에게 추천서를 써주셔서 대단히 감사를 드립니다.

한맥문학에서부터 지금까지 지도해 주신 스승님 관동대명예교수
엄창섭 박사님 서평을 읽으면 천상을 거니는 것 같습니다.
이번에도 서평을 써주셔서 감사를 드립니다.

철의 미모의 여인, 시의 절정에 피운 문학의 꽃 지은경 박사님은
바쁜 중에도 추천서를 써 주셔서 감사를 드립니다.

세상에서 제일 아름다운 여러분과 함께 문학의 길을 가는 것이
기쁨이고 보람입니다. 물심양면으로 후원해 주시고 격려해 주신
여러분 사랑과 감사를 드립니다.

2024년 2월
천지시낭송 회장 강 은 혜

차례

1부 사랑은 수천 개의 날개가 있다

2부 낡은 바다는 어디로 갔을까

3부 꽃은 봄에만 피는 것이 아니다

4부 하늘로 떠다니는 섬

5부 황무지에서도 꽃은 핀다

6부 붉은 장미는 그날도 피고 있었다

7부 별빛 속에 꿈꾸는 나무

축하의 글

1부

사랑은 수천 개의 날개가 있다

존재의 의미

지는 꽃을 낙화라 했던가
피고 지고
지면 다시 피는 것이
무위의 법도

어찌 꽃뿐이랴
해도 지면 기울고
기울었다 다시 되돌아오고

강물도 썰물로 빠져나갔다
밀물로 밀려오는 것을

생이라고 다르랴
삶과 죽음이 맞물려
되풀이되는 것을

무위의 법도 앞에 하면
나도
꽃지는 날에 꽃잎인 것을

새해는 벗는다

묽은 것은 보내는 것이 아니다
버린다

새것은 맞는 것이 아니라
찾아 나선다

굳이
정동진 정서진 정남진 찾아
해넘이
해돋이 맞이한들 무엇하랴

보내고 맞는 해갈이는
마음이 하는 것을

새해 화두
제구포신除舊布新이라 했든가
뱀 허물 벗듯 낡은 허물을 벗어 본다

백목련

들킨 속살 부끄러워
얼굴 붉히는데

붉힌 얼굴 훔쳐본 놈
심장마저 훔쳐 가 버려

핏기 잃은 얼굴
하얀 꽃잎 되었네

홍매화

어느 날 갑자기
붉은 베일로 얼굴을 가리고
찾아온 너는
나의 가슴에 열풍이었다

네가 말없이 떠나간 날
하늘은 검은 비를 뿌렸다

그리고 소식을 들었다
나를 만나려고 시베리아 벌판을
맨발로 걸어왔다는 것을

너의 붉은 입술은
상처였다

웃어준 거울

어느 날 갑자기
낯선 얼굴이 마주 본다

누굴까
자세히 보니 그녀다
경악했다

삶의 조각들이 피워낸 그림
그림 속에 앞서간 세월이
천 개의 발자국 그려놓고

언제나 웃음꽃 피던 얼굴
이젠
시든 꽃잎 저만치 세월 뒤로하고
여기까지 잘 왔구나
웃어준 거울

때와 때

때와 때는 무엇이 다를까
때는 기다려야 오고
때는 없애야 한다

손오공처럼 훨훨 나르려면
때를 기다렸다 꽉 잡아야 한다

때를 잡아서 훨훨 날다가
욕심의 때를 밀지 않으면
추락하는 데는 시간문제다

젊은 날개여

젊은 독취여 날으라
높이 높이 비상하라
오르고자 하면
저 산비탈도 고개 하나
죽고자 하면 못 이룰 일 있겠는가

젊은 독취여 병들지 마라
허영의 거리는 날고자 해도
가 닿을 수 없으리

높은 곳을 향하면 신께서
날개를 주어 훨훨 날게 하리
구만리장천이라도

일출의 비밀

밤 내
복통으로 뒤척이던 바다가
불덩이 하나를 토해냈다

토해낸 불덩이를
탈출하듯 어둠을 뚫고 포구로 달려오던
통통배가 인양해 돌아온다

먼 산 이마가
마이다스 마술에라도 걸린 듯
이마가 금박이 된다

금박 이마에 감겨있던
황금 구렁이 한 마리가
허물을 벗듯
산 그늘을 벗어낸다

그게

상대방의 가슴에
꽃은 피어 있지

피어 있어
피보다 진한 사랑으로
말하지

말속에 독이 들어 있어
상대를 기절시키지

기절시켜
마취에서 깨어날 수 없게 하지

그게
사랑인 게야

그랜드 캐니언과 개미

숨이 턱에 걸린다
가슴은 흥분으로 길을 잃었다

나는 지금 여기서 너를 만났다
세상에서 가장 위대한 너를

네 품이 너무 넓어서
나는 개미 같았다

길고 넓은 광활한 대협곡은
겸손을 가르쳐 주었다
신을 만나게 해 주었다

바람의 꼬리

석양이 버린 꼬리가
강가를 서성인다

꼬리는 기다림에 목마른 갈대를
말아버렸다
말려진 갈댓잎처럼 나도 세월을 말았다

말았지만
추억도 모래알처럼 빠져나갔다
세월을 잡듯이 마음을 잡았지만
그 또한 바람의 꼬리였다

날개

갈매기의 날개
학의 날개
아크루스의 날개가
각각 다름은 크기 때문이 아니다

날아가 닿고자 하는
지평이 다르기 때문이다

사랑이여
그 순수에 가닿기 위해서는
욕망의 무게보다
순수의 무게가 더 무거워야 하리

라스베이거스의 불꽃

라스베이거스에는 별도 달도 없었다
하늘같이 넓은 사막 한가운데 불섬이다
바벨탑 높은 망대는 시내를 한눈에 묶어 버렸다

망대에 서서 소리쳤다 메아리는 없었다
한 손을 하늘을 향해 뻗었다 하늘 끝이 만져졌다
라스베이거스가 세계 도시 속에 빠져 허우적거려도
허공을 헤매는 새들의 축제는 한창이다

우는 자와 웃는 자가 공존하는 도시의 불쇼는 끝날 줄 모른다
정글이다 사나운 짐승들이 우글거리고 초식 동물은 없다
화려한 불꽃도 그림자를 만드는지는 몰랐다

그림자에 갇힌 영혼들 발버둥 치지만 나올 수 없다
여기가 소돔일까 아니면 천국일까 손등과 손바닥이 하나인 것처럼
라스베이거스에는 천국과 지옥이 공존하고 화려함 뒤에 숨은 고뇌가
기지개를 켜는 줄 아무도 모른다

봄비의 비애

젖지 말라
황사쯤 문제겠냐만
죽음의 재인
방사능비는 맞지 말일이다

올봄 꽃들 속엔
독이 붙어 있을 듯싶다
행여
봄비의 우수에 젖지 말일이다

영원의 의미

잊혀진 꽃
세월이 머리에 꽂아주고 간
갈대꽃

바람으로 보내고
맞는 생의 어디쯤
중년이란 이름으로 서 있는
여인 하나

바램이었던가
촘촘히 꿈을 꼬아 엮은 그물로
영예도 잡을 줄 알았는데

그물엔
허영 하나 걸려있고
얼굴에
얽힌 거미줄에 세월도 걸려
빠져나가지 못할 줄 알았는데

거미줄엔
내가 걸려 있다

똥

어찌 똥을 더럽다고 하는가
똥에선 인간 내가 난다

똥보다 더러운
동취 내는 죄의 냄새요

성한 코로는 맡을 수 없는
썩은 코로는 더더욱 맡을 수 없고
동취 내는
인간이 풍길 수 있는 것 중
그중 더러운 냄새다

똥은 순수다
물욕의 동취 내 보다
나는 전자를 사랑한다

여름 사냥

선풍기 네 날개
날 세운 칼날 삼아
더위를 잘라 낸다

잘라내고 잘라내도
피 한 방울 흘리지 않고
다시 살을 섞는
영체 동물

이놈의 애무 앞에서
하루에도 몇 번씩 기절한다
사랑의 애무에 잘 길들여진
기절을 어찌 알았을까

사랑은 수천 개의 날개가 있다

꿈속에서 보았다
수천 개의 날개를 단 새를
새가 점점 변해서 사람이 되었다
천사는 아니다
악마도 아니다

수천 개의 욕망의 날개들
방향을 달리 한 채 날아올라
하얀 풍차가 되었다
돌 때 붉은 꽃잎이 스러진다

남은 것은 몸뚱이 하나
처절하게 추락 중이다

2부

낡은 바다는 어디로 갔을까

괴물

피를 빠는 드라큘라는
괴물이 틀림없다

피 아닌
돈을 빨아먹고 사는 인간도
괴물임에 틀림없다

현대판 드라큘라는
피 아닌 돈을 착취하는
괴물이다

우리는 마음속에
저마다 괴물 하나씩
기르고 산다

찔레꽃의 야성野性

짙은 향에
코피 터지겠네

독 오른 가시에 찔려
코피보다
붉은 피 흘리겠네

흘린 피로 꽃잎 하면
저 하얀 야성野性
붉게 물들일 수 있을까

어머니의 섬

내 고향은 섬이다
그 섬에는 한 여인의 한이 살고 있었다
한풀이로 늘 바다는 성을 내고
한을 하얗게 뿜어내고 있었다

질긴 고래 심줄 같은
인연들을 꽁꽁 묶어서 그 섬에 가두었다

어느 날
푸른 물이 뚝뚝 떨어지는 길이 뛴다
그 뒤를 따라간 파도가 뒤돌아본다
파도를 향해 하얀 손을 흔들어 주었다

붉은 해는 내일을 열고
내일은 바닷길을 열었지만
그녀는 갯바위처럼 서 있었다

왜 떠나지 않았느냐고 인연이 물었다
섬이 떠나면 연이 아니지
여인의 하늘이 섬을 만들고
섬은 여인을 가두었다

소녀의 바다

소녀의 바다가 늪에 빠졌다
늪은 입을 더 크게 벌리고
몸부림치면 칠수록 늪은 배가 부르다

소녀의 바다는
천 길 낭떠러지에 나뭇가지에 걸렸다
눈물은 가뭄에 강바닥이다

아름다운 사람아
갈라진 강바닥에 물길을 내어
바다를 보여주오

당신의 미소가
백사장의 소라를 만들었어

소녀가 소라를 불 때
붉은 노을은 등대가 되었어

미련의 강

함께 가던 길에 언제 피었는지
핏빛 동백이 만개했습니다

핏빛보다 더 진한 정 하나
심어준 사람 그 사람은 지금은 없습니다
동백꽃이 소리 없이 지던 날 떠났습니다

함께 가던 길엔
진한 추억이 송진처럼 묻어있고
송진은 꽃을 품듯이 이별을 품었습니다

이별의 발자국을
미련이라는 이름이 하나씩 지워가던
그 밤엔 부엉이가 울지 않았습니다
여인도 울지 않았습니다

아무 일도 없었던 것처럼
밤은 그렇게
침묵의 초침으로 노 저어
검은 강을 건너고 있었습니다

쌍둥이

당신이 던진 돌 하나면
산산이 부서져 파문으로 흩어지고
그리움이라는 가슴엣 병

언제부터 오는가
시름시름 앓으며 키워온
그리움과 쌍생아인
외로움

한 탯줄에서 태어나고도
얼굴을 달리 한
아버지를 모르는
쌍둥이

오늘도
그리움과 외로움을
업어 키운다

아버지는 백령도 섬이다

서해 최북단 백령도白翎島
인당수에 심청이 몸을 던진 날
거친 풍랑도 멈추었을까

흰 날개로 덮어버린 애환 때문일까
교회 종소리는 한숨 소리를
주워 담고 있다

헐렁한 바지 속의 작은 손가락
손가락이 옥수수빵을 집어 들었다
그날도 우뢰처럼 지축을 흔드는 포 소리
파편처럼 튀어 나간 사람들
구렁이처럼 긴 밤을 미라가 되었던 사연

아버지는 육이오 날이면
술 한 잔에 고향을 담아 바다에 뿌렸다
뿌리면
홍해 바다처럼 길을 열어줄 줄 알았을까
통일보다 먼저 가신 아버지

두무진 절경에 우뚝 선 장군바위가
대한민국 잘 지키면
심청이를 제물로 바친 저 바다가
길을 열어 줄까

결혼

무덤에 핀 꽃
한잎 두잎 떨어져
다 떨군 후에야

내려놓지 못한 후회할 때
앙상한 가지
싸매주는 손길

샌프란시스코와 금문교

대부 알카포네의 두 손 묶어 놓았던
알카르츠 형무소가 알카포네처럼 당당하게 떠있다
그 위로 금문교가 알카포네를 부릅뜬 눈으로
눈사람으로 만들었다

꽃 파는 처녀들이 꽃이 되던 시절에
광산의 금이 번쩍이던 항구도시 샌프란시스코는
붉게 물든 금문교를 해협과 해협이 손잡고
샌프란시스코의 영웅이 되었다

자살교라고 불리는 이유는
금문교를 잉태한 산모들의 난산으로
희생된 영혼들의 부름이 아니었을까

부촌 소살리토가 구름 언덕에 떠있다
바닷가 항구에 즐비하게 늘어선 요트들이
신선을 기다리며 출항 준비를 하는 동안

갈매기들은 부자들의 허무한 세월에
자기 흔적으로 낙인을 찍었다

벚꽃 피는 날에

이른 봄날
벚꽃 피는 안양천을 혼자 걸었다

시나브로 날리는 꽃잎
핀 꽃잎보다
지는 꽃잎이 더 곱다

그 고운 꽃잎 꽃비 삼아
흠뻑 젖어보고 싶다

선택

우리의 조상 아담과 하와
하나님 명령에 불순종하고
마귀 뱀의 말을 순종한 결과
죽음이 예고 없이 도둑같이 찾아온다
지금
우리는 두 갈래 길 위에 서있다

한 길에는 예수
내가 길이요 생명이니
나를 믿으면 천국 Heaven

두 번째 길은 사탄
하나님은 없다 예수 불신
그곳은 영원한 불못 지옥地獄

누구도 피해 갈 수 없는 운명 메멘토 모리
선택은 오로지 내가 한다

낚은 바다는 어디로 갔을까

어느 날 아버지는 바다로 갔다
가서 바다를 낚았다

낚인 바다는 망태 속에서
큰 바다가 되었다

그 바다는 아버지를 침몰시켰다
허우적거리며 탈출하려고 발버둥 쳤지만
힘만 빠져나갔다

아버지는 세상을 낚으려 했다
그러다 세상에 잡혔다
세상은 아버지를 삼키고 요나처럼
삼일 만에 토해냈다

아버지는 그때야 알았다
낚을 수는 있지만 요리할 수는 없다는 것을

사막의 길

내가 사막을 사랑하는 이유를
사막을 그리워하지 않는 사람은 모른다
사막에선 어린아이처럼 뒹굴고 뛰어도
저항하지 않지만 교만은 절대 허락하지 않는다

모래는 바람의 길로 다니고
바람도 모래의 길로 다닌다
강렬한 태양과 날마다 키스하는 모래는 눈부시다

밤이면 달빛을 품고 달빛은 모래를 애무한다
세상의 별들이 모래와 한 몸이 된다
모래가 별이 되면 나는 별을 밟으며 노래를 부르리라

사막은 나만의 자유의 날개다
고요한 꿈속의 하늘을 비행하면서
신이 사랑한 사람들을 쇠사슬로 묶어
사자 굴에 던지는 괴물들을 모래바람으로 덮어 버렸다

둥둥둥 북소리 새벽은 오고
달을 배신한 사막은
태양의 품에서 입 맞출 준비를 하고 있다
낙타는 말이 없다

황금알

가슴 둥지 삼아
기르던 새 한 마리

날려 보낸 지 오래인데
돌아올 기미가 없다

대신
남기고 간 황금알
한 알

부활을 꿈꾸며
대신 품고 산다

석양

붉은 옷을 입고 춤추는 집시
춤추다 지치면
산속으로도 물속으로도
숨어 버리는 너

서산은 언제 가려고
아마도
태우지 않고는 견딜 수 없는
미련 때문일까

아니면
애증 때문일까

장미는 색으로 말한다

가슴을 뜨겁게 태우는 붉은 장미
시퍼렇게 멍든 가슴은 푸른 장미
흑심 가득한 마음은 흑장미
평화를 꿈꾸는 자는 노랑 장미

당신은 그중
무슨 색의 장미를 좋아하는가

묻지 말거라
누구나 붉은 장미 푸른 장미
흑장미 노란 장미의 가슴으로
살아가는 것을

삶으로 꽃을 피운다면
그러하지 않은가

내가 웃어준 별이였다

이별은 사랑을 품고
행복은 번개를 탔다

절벽에 세운 것도
밀어버린 것도
내가 웃어준 별이었다

내 손잡아 일으킨 것은
들풀이었다

변할 수 있을까

마음에 가시가 돋았다
불안의 전차는 절벽으로 질주를 한다
미지근한 신앙은 가출을 했다

그녀는 짐을 쌓다 이젠 떠나야 한다
세상의 거짓과 허망을 버리고
천로역정을 향하여 가야 한다

금전이 인간을 붕괴崩壞 시키고
자녀들은 쾌락의 강에 빠져
육의 고난이 시작되고 영은 죽어간다

하늘 길은 험하고 검은 유령이 숨을 막을 때
주님을 원망하며 폭풍의 언덕에 서서 비가 되었다

지쳐서 일어설 수 없을 때
그때 주님이 부르시네
어여쁜 자야 함께 가자

깊은 골짜기를 지나면 높은 곳에 서리라
그때 은혜의 강가에서 주님의 손을 잡았네

3부

꽃은 봄에만 피는 것이 아니다

무심

꿈으로 수놓은
보자기에 무엇이 들어 있을까

무엇을 담았기에
저리 아름다운 보자기로
싸놓은 것일까

겉이 고우면
무엇하랴
속이 아름다워야 하는 것을

아름다운 속
가슴에 지니면
꿈 보자기 속에 들어 있는
무심도 볼 수 있거니

가을 보내고 싶지 않다

산허리 휘감은
나무들의 밀월로
불타는 숲은 숨차다

긴 기다림
첫사랑으로 찾아오면
저리 그윽한 향기의 빛깔로 물들까
물들어
온 세상을 수놓을 수 있을까

보내고 싶지 않아
낙엽에 묻혀 잠들고 싶어
잠들어
그리움이란 이름의 가을이고 싶어

나이아가라의 함성

한 모태에서 태어나 서로 다른 얼굴로
수줍은 새색시의 미소로 흐르던 강줄기가
갑자기 자객을 만났다

절벽으로 추락한 평화는 우렁찬 물의 외침으로 변했다
외침은 접근을 허용치 않았다
어쩌면 인생도 그러하지 않을까

갑자기 평안하던 세월을 높은 벽이 가로막고
깊은 수렁에 빠질 때 산 같은 절망이
뱀 같이 전신을 휘감을 때 토해내는 울분 같다

거대한 절벽에 큰 물결이라도 추락하지 않는 것은 아니다
그들은 서지도 물러서지도 않았다
천 길 낭떠러지를 서슴지 않고 뛰어내리는 것은 죽음이다

죽는 순간 무지개 뜨고
찬란한 햇살을 하얀 베일로 신이 감싸 안을 때
공포는 추락을 이기지 못하고 큰 영광의 박수를 허락했다

물의 거인도 순리에 순종하는 순간
빛나는 영광과 평화를 신은 거부하지 않았다

절망한 자 포기한 자에게 시간이 멈추는 순간까지
물의 함성은 계속될 것이다

너와 그리고 나

꽃은 말이 없다
너도 말이 없다

화가 나도 웃는다
너도 그렇다

꽃 앞에 서면 웃음이 된다
네 앞에 서도 웃음꽃 핀다

네가 꽃이라면
나는 향기가 되고 싶다

네가 바람이라면
나는 이름 없는 섬이고 싶다

행복의 조건

시나브로 찾아와
화사한 꽃잎으로 물들인
아침 햇살

숫처녀의 미소로
창가에 기대어
바이올릿 꽃잎을 애무하고 있다

애무의 손길마다 묻어나는
묻어날수록
수틀인 듯 수놓아지는
가슴

커피잔에 어린 그리운 얼굴 있어
입맞춤하면
미소로 넘치는 하루치의 행복

봄의 향기

긴긴밤 흑암 속에
널 기다리다 지쳐 잠든
꿈의 층계를 밟고
사뿐사뿐 오시려나

입술에 입술을 포갠
밀어보다 달콤한 향
꽃등 켜고 오시려나

어여쁜 이여
그리움을 밟고 오실 아리따운 이여

기다리셨어

어느 날 갑자기 찾아온 시련은
겪기 힘든 고난과 역경이었어요
오랜 세월 죽음과 맞서 싸우며 나갈 때
왜 내게 이런 고난 찾아왔는지

원망하며 통곡했지만
침묵의 강은 깊었습니다

오랜 세월이 흐른 후 알았습니다
꽃을 피우기 위한 것이라는 것을
침묵도 응답이라는 것을

죄 회개는 깨끗한 심령을 만들고
네 영혼이 잘됨같이 네가 빛 되기를
기다리셨어

꽃의 정체

꽃잎이 붉은 까닭
아시나요
사랑으로 물들었기 때문이지요

꽃잎이 하얀 까닭
아시나요

사랑앓이 맨스로
피란 피 다 흘려버렸기
때문이지요

말의 무게

말의 무게를
저울에 달면 얼마나 될까

저울의 눈금으론
계량할 수 없는 순금의 무게

사랑이란 말이
그러하지 않은가

해당화 알고 있니

갯바람 소금기에도
너는 왜 얼굴 붉히느냐

무슨 부끄러움 지녔기에
붉다 못해 핏빛이냐

지나가던 바람의 수작
파도의 애무 견딜 수 없어
홍당무가 되었느냐

까발린 아랫도리 같은
핏발
너도 그걸 아는 거냐

모르면서
아는 체를 하는 거냐

하얀 손

부천 호수공원의 가을이
호수에 빠졌다
가을은
꽃도 피우고 인 꽃도 피운다

갈대는
아무에게나 손을 흔들었다
행복한 사람에게는 기쁘게
슬픈 사람에게는 슬프게

그렇게
하얀 손을 흔들어 주었다

이별의 서막

만남은 이별의 시작인가
이별의 시작이 만남인가
아니면 그 둘 다일까

밤새워 뜬눈
달빛에 부엉이 우는 소리만
구슬프다

은밀한 꿈속에서
그댈 부르는 소리만
메아리로 흉벽을 친다

오늘의 구름은
또 다른 그림을 그리고
오늘의 마음은
어제 마음을 거부한다

사랑에도
날개가 있다는 것을 몰랐다

사랑 꽃

꽃
붉게 피면 불타는 가슴속
노란 꽃 피어도
질투로 노란 얼굴 만들지 마라

흰 갈대꽃 피면
그대 흰 눈물 흘리며 떠나네

파란 꽃 피면
행여나 돌아올까 기대해 보지만

피는 꽃에 따라 달라지는 사랑
다만 지고 나면
허무와 무상

자이언 캐니언

꿈의 동산인가
신의 동산일까
붉은색인가 했더니 회색이고
회색인가 했더니 흰색이다

하늘과 손잡은 바위산
웅장한 북소리다 울림이다
하늘로 일어선 바위들 밑으로
기어가는 개미들

꼬깽이로만 판 굴 터널 속으로
들어섰을 때 작은 바위 창문 밖으로
또 하나의 자이언 캐니언
신의 작품이다 소장 할 수 없는 작품
그 앞에서 나는 나뭇잎처럼 부서지고 있었다

영화처럼 펼쳐지는 장관 장엄한 서광이 비쳐 온다
그 품은 넓고 포근했다
환상 속에 걸어가는 걸어가서 갑자기 사라지는
신기루처럼 마음을 모두 빨려버렸다
사랑에 빠졌다

80% 부족

80% 부족
아직 20%로가 남았음인데 얼마나 다행이냐
20%로가 아닌 80%로는 부족한 게 아니다
無나 같은 게야

無에서 有가 탄생한다지만
20%라도 있어야
건져 올릴 수 있는 것이
부족분

사랑도 다르지 않아
-80%를 채우기 위해
몸째 던지는 거야

길

저마다
홀로 걷기가 아니면
추월하기 끼어들기
지름길 가로질러 가기
행보가 정도 행이 아니다

좀 더디면 어떻고
뒤쳐지면 어떠하며
외로우면 어떠하랴

헛발질 없이 당당하게
가야 할 길을 알고 걷는 길

동행이 있으면 있는 대로 좋고
없으면 없는 대로 좋고

가다 힘이 들면
길바닥에 주저앉아
자연이 된다

백두산 2

하늘에 뜬 별
별속에 푸른 호수
모태의 젖을 빠는
위대한 아들
백두산

백두산은 두 아들을 낳았다
압록강과 두만강
한 모태에서 두 평행선을 걷는
남과 북

평화와 자유를 갈망하듯
곰삭은 젓갈처럼
흔적 없이 무너진 가슴
백두산은 알까

하얀 얼굴

누구나 가시에 찔린 듯
아픈 가슴을 안고 산다

아픈 가슴속엔 하얀 찔레꽃
피어 있다

찔레꽃 속엔
독 오른 가시가 돋아있어
찔리면 흘리는 붉은 피

붉은 피 맛보고서도
붉힐 줄 모르는
핏기 없는 하얀 얼굴

4부

하늘로 떠다니는 섬

산의 힘

한사코 보내는
손짓
정상이 부른다

어머니 음성이
탯줄의 신비로 들리고

아버지의 음성이
굵은 손마디로 부른다

마음에 심어놓은 씨
밤새워 피운 꽃도 부른다

정상에 서 보면
안다
신의 섭리

분노

큰 솥에 죽이 가득
끓고 있었다

분노로 가득 찬 사내가
그 속에 재를 뿌렸다

어머니의 절규와
탄식이 죽 속으로 뒤엉켜 붙었다

열두 식구의 굶주림을 달래줄 죽
그 죽은 오늘 운명을 다했다
분노는 웃었다

신정역 2

전철 5호선 신정역
새벽잠에서 쫓겨난 인파가
블랙홀인 듯 지하로 빨려 들어간다

시간은 눈 깜빡할 여유도 없이
인파人波에 밀려 떠내려간다

이곳은 정자나무 아래서
짚신을 팔던 신기 마을

짚신 대신 철마 길은 콩나물시루가 되어
헐떡거리며 달린다

얼굴도 이름도 몰라도
속 인사를 하고
하루치의 행복을 나누며
씩 웃는다

백록담

여장군의 숨은 포효咆哮
언제 터지려나

그 은밀한 침묵의 요람
흰 눈 속에 묻혀

백두 장군을 만날 때
그때

겨울 비애

새벽이 겨울비에 젖어
추적추적 돌아가고
젖은 아침이 부스스 몸을 튼다

괴이한 일이다
쓰나미가 밀려와서
국토가 갈갈이 찢어져 재만 남아도

혈투 암투 비방 모함 헝클어져서
공처럼 부풀어 오른다

점점 커진 팽창이 모두를 짓누르고
종래에는 모두 깔려 죽어도
싸우는 이전투구

뼈다귀 하나 놓고

2016.12.9. 새벽

추심

가을의 깊이
그중 깊은 곳
수심水深보다 깊은
추심秋心

한 알의 무게로는
가 닿을 수 없는
결실의 중량만이 가 닿을 수 있는
추심

그게 바로
저울추로 눈금을 재는
추심錘心인 게야

재앙

인간의 잔인성을 증언하는
구제역
생매장이 된 짐승들의 고발로

피고가 된 인간들의 죄는
유죄 무죄 이전에
원죄다

죄를 어머니로
죄를 아버지로 하고 태어난
인간이 저지른 죄는

죽은 짐승들의 증언으로
실형에 처한다

최고의 선물

선물은 문을 여는 열쇠다
천국의 문을 여는 열쇠가 있을까
그것은 거저 받는 공짜다
공짜인데 세상에는 없는 고귀한 최고의 선물

보이지 않는 것을 믿으라 하는데
도저히 믿어지지 않는 것이 믿어지는
기적이 최고의 선물이다

첫사랑의 의미

어두운 마음 등불 키는 순간
희열의 도가니 세상이 변했다
산천초목이 너울 춤추고 새들 노래하네

메시아 나는 알파와 오메가라
바다는 태양을 품고 바람은 구름을 품고
새처럼 풍선처럼 하늘로 올라
환희의 절정이었다

그 빛이 가슴에 등불을 킬 때
마음에 주름은 꽃이 되었다
불러도 대답 없던 신을 만나
오로라가 천지를 물들이고
축복의 종아 울려라 울려

내 모습 이대로

들풀 하나가 말했다
하나님 전 제가 싫어요
왜
저보다 아름다운 장미가 부러워요

그래 장미는 유월 한철
너는 밟아도 잠시 숨죽이다 다시 일어나지
너의 등을 타고 노는 아이들
너의 품속에 안겨 위로받는 사람들
그래도 네가 초라하냐

아닙니다
누군가를 위로할 수 있으면 그것으로 족합니다
내 모습 이대로 사랑합니다

울면 안 됩니까

석양이 벌써 가려고 채비하는 순간
여인의 시계는 정확하게
그 시간에 목 놓아 운다

울음도 통곡도 아니다
몸이 찢어지는 소리
산이 무너지도록 토혈하는 여인
그런 울음은 울음이 아니다 괴성이다

왜 그렇게 처절하게 우냐고 물었다
신혼여행 가다 교통사고로 전신마비
바람처럼 떠난 랑군 보고 싶다고 운다
꼭 한 번만 한 번만 바람처럼 스치기만 해 달라고
토혈하며 우는데.....

20년째 마음의 감옥에서 운다
보고 싶다고

샤론의 꽃

세상의 아름다운 꽃
꽃에도 가시는 있다
물 없이 이슬만 먹고 자라는 꽃
모래를 먹고 자란 꽃 사막의 꽃

샤론의 꽃은
바닥이 없는 곳에서 자란다
별 위에서 자란다 천상의 꽃이다
한때는 그랬다

지금은 진흙 속에서 피어났다
세상을 구하려고 꽃잎을 갈기갈기 찢어
더러운 쓰레기 속에서 피었다
샤론의 꽃 예수 그가 그렇다

꽃등

버들개지에
봄이 사뿐히 내려앉으면
피울 수 없었던 마른 가지에
꽃등을 밝힌다

밝히면
캄캄한 시국
불이 켜질까

불이 켜지면
세상 눈 떠질까

2017.4.5.

보릿고개

초근목피草根木皮 활이 된 허리
허기진 세상을 밝혀준 빛
빛이 대한민국 비추니
7대 강국이 되었네

빛이 있으면 나라가 흥하고
빛이 희미할 때 나라도 키를 멈추었습니다
빛을 잃으니 나라도 캄캄하여
떼강도가 우글거립니다

등불을 밝혀야 하리
기름을 부어야 하리
어두움 속에 방황하는
세상을 빛으로 밝혀야 하리

홀로 지는 꽃(자살)

여린 꽃잎에
폭풍 치니 꽃잎은 멍들고
이슬도 슬펐나 보다
붉게 물들어 흐르는 걸 보면

왜 홀로 졌냐고 묻지 않겠소
그건
홀로 지는 꽃이 겪은 시린 바람의 나라
신만이 알 수 있는 속

봄꽃이 가을꽃을
겨울꽃이 여름꽃을
어찌 알 수 있으리오

떨어진 꽃잎 밟지 마소
홀로 지는 꽃은
지고 싶어진 것이 아니외다

세상이 지라 했다고
변명할 것이요 마는
홀로 지는 꽃은
영원히 홀로라는 것을.....

가을 여심

가을엔
붉은 꿈을 꾼다

꿈속에
단풍 한 잎
여인의 치마폭으로 떨어진다

어느새
새빨간 눈송이 휘날리고
여심은 붉게 탄다

타는 맘
누구에게 들킬까
애꿎은 바람만 나무라 본다

불지 마
내 꿈 떨어진다

누군가

누군가 늪에 빠졌다
늪이 사람을 삼켜버리고 입을 닦았다
살려주세요 발버둥 치면 더 빨리 빠진다
누군가의 도움이 없으면 죽을 수도 있다

급하면 하나님하고 외칩니다
왜냐하면 고향이 하나님이기 때문입니다
하늘도 노력하고 성실한 자에게만 축복해 주신답니다

누군가의 도움이 없으면 죽을 수도 있고
누군가의 목숨을 건질 수도 있습니다

누군가를 그때 그 시간 그 장소로 정확히 보내시는 분
그분이 하나님 아들 예수님이십니다

당신의 기도가
나라를 망하게도 흥하게도 할 수 있습니다

아름다운 친구

라일락꽃
무슨 색이라도 좋다
붉은색이라도 노란색이라도 좋다
벌이 꽃을 찾을 때
사람들처럼 색깔 모양을 찾을까

아니다
다만 꿀만 취하면 바로 떠나겠지
떠나고 좋고 와도 좋은 사람이
아름다운 사람이 아닐까

꿀을 빨고 가든
꽃가루를 묻혀가든
그 흔적으로 열매를 맺나니
그 흔적을 두려워하지 않는다

진정한 친구는
그 상처를 무서워하지 않는다
다만 아파할 뿐 아픔을 이기는 것

그 상처를 품은 사람이
아름다운 사람이 아닐까

5부

황무지에서도 꽃은 핀다

벼랑 위에 핀 꽃

정원에 핀 꽃보다
벼랑에 핀 꽃을
더 사랑한다

손길로 가꾼 인위보다
역경과 싸워서 핀
무위를 더 좋아하기 때문이다

무위의 순수만이 피울 수 있는
피워
아름다움으로 불릴 수 있는 꽃
가슴에 피워 본다

빈손

자갈밭에 넘어져 피가 흘러도
세상을 움켜쥐고 이를 악물고 뛰었다
초원에 물소리 일출의 황홀함
별들도 눈을 감았다

어린 새순도 밟으며 뛰었다
세상은 내 손 안으로 들어왔지만
허무의 비로 젖은 쾌락의 몸을 꽁꽁 묶어 버렸다

몸은 썩은 짚신처럼 헤어져서
죽음의 그림자 숨통을 막을 때
쥔 손을 펴서 말라버린 세상에 뿌렸다

뿌리니
그는 행복했고 병은 손을 들었다
그는 마침내 빈손이 아니다
God의 손을 잡았다

도담삼봉島潭三峯

어제는 삼봉이 물었지
어허 이 사람아 이 세 개의 섬을 보고
뭐 느낀 점이 없나

삼봉 좀 부끄럽구먼
왜
저 섬들은 크든 작든 자랑도 탓도 투기도 하지 않네 그려
우리 인생도 생긴 대로 욕심 없이 살라 하네 그려

여보게 친구 보시게
우뚝 솟은 저 큰 봉의 섬광이 두 봉을 비추고 있네
위풍당당하고 정의롭지 않은가

삼봉 글쎄 난 자네가 걱정일세 정의가 무엇인가
고려를 망하게 한 역적인가 조선을 세운 공신인가

어허 자네 별것을 다 걱정하는구먼
고려가 망한 것은 그 이유가 있고
약한 나라가 침략侵略당하는 것도 이유가 있는 겨

저 구름을 보시게나
저 구름이 지금 어디로 가는지 아는가 모르지
그래 인생도 모르지

자네
내 후세後世가 날 뭐라고 하든지
난 내 운명을 딛고 뒷걸음질 칠 수가 없었다네

* 정도전鄭道傳 호 삼봉三峰

가슴의 바다

가슴에
바다 하나 들여놓고 산다
밀려갔다
밀려오는 그리움

그리움 싣고 떠났다
빈 배로 돌아오는
쪽배 하나

가슴에 바다에
띄워 놓고 산다

파도는 울어도 꽃이 된다

바다의 얼굴을 게걸스럽게 핥으며
해안가를 뛰노는 파도는
몸을 흔들며 새들을 깨운다
새들이 바다를 밟고 걸어가면
바다는 잔잔한 미소로 새들의 품에 안긴다

마음이 언짢은 날엔
물고기들을 외발로 걷게 하고
울분으로 하얗게 물꽃으로 피어난다

물꽃 속에는 젊은 바다가
늙은 바다를 업고 걸어간다
가면
하얗게 속살을 보여주는 바다는
퍼렇게 멍든 햇살을 베고 누웠다

바람에 안겨 우는 파도는
하얀 웃음꽃 피어낸다

흔들려야 산다

바람이 갈대밭에 앉았다
바람을 밟고 온 새 한 마리
갈대꽃이 되었다

갈대는 바람의 집을 짓고
바람은 갈대집에서 잠을 잔다

어느 날 태풍이 갈대를 뽑으려 했지만
갈대는 말했다
나는 흔들릴 뿐 옮기지는 않는다

나의 어머니

대나무 울타리 친
실개천이 흐르는 마당에
붉게 핀 봉선화

세월의 그물에 걸린 바람이
봉선화 꽃잎에 앉았다

홀로 핀 봉선화 지는 소리에
갈대가 운다

갈대가 울어도
기러기는 허공으로 사라진지 이미 오래다

한 여인이
심장에 돌무덤을 세웠다

낙화암

궁녀들의 붉은 치마가 뜨거웠던 것은 아니다
사비수가 꽃들의 눈물을 원하지도 않았다

피멍으로 새긴 마지막 의자왕
가슴에 혈서로 외치고 싶었던 백성들
하늘이 철과 불이요 가슴은 천둥이라

통곡해도 피를 토해도
세월을 거꾸로 세울 수는 없었다
누가 낙화암을 만들었을까
사비수는 말한다
방탕의 붉은 치마에 걸린 망국이 애국을 먹었다

낙화암 없어야 하리
대한민국 태극기 펄럭이며 나라 잘 지켜라
낙화암 사비수 소리 지르며
오늘도 흐른다

선과 악

선과 악은 날마다 싸우는 친구다
선이 이기는 날은 평안이 오고
악이 이기는 날은 불안이 온다

어느 날 악이 선에게 말했다
찌든 세상에서 구해줄 테니 이번만 손잡자
선은 번민했지만 살기 위해 악의 손을 잡았다

악마는 더 큰 구덩이에 던지고
선은 캄캄한 구덩이 속에서 주님을 불렀다

악은 언제나 쾌락의 길로 손짓하지만
성령께서 벽을 쌓아 주시네

애야 악은 욕심의 씨란다
욕심을 심으면 욕심이 사망을 부른단다
욕심을 버리고 자족하면 기쁨이 찾아온단다

심해

바다에는
물만 있는 줄 알았다
바다 생물만 사는 줄 알았다

아니다
바다에는 주름투성이
어머니가 산다

그래서
늘 바다가 그립다

구제역

하늘을 보라
입이 있어도
침묵하는 짐승들을 보라

하늘은 보았다
인간도 보았다

짐승도 말이 없다
하늘도 말이 없다
인간도 말이 없다

다만
흙이 대신 품었다

영원한 것에 대하여

지렁이들이 뒤엉켜서
흙을 차지하려고 몸부림치고 있었고
새떼들은 주린 배를 채우려고
호시탐탐 노려보고 있었다

배가 빵빵한 지렁이들은
위험 표지판을 무시한 채
순간 운명에 잡히고 말았다

삶도 그러하지 않을까
허망한 바다에 탐욕을 가득 실은 배
폭풍 속에 기울어져도 버리지 못해 익사한다

풀 한 포기 바람까지 하늘에 영광 돌려도
눈과 귀가 벽이 되어 찬양 대신
가시나무로 하늘을 찌르고 있다

바알 신을 음란이 섬기며 세상 쾌락의 여신과 동거하며
거룩한 성을 거부하고 하늘의 계시를 무시한 채
원망의 성루를 높이 쌓았다

어느 날 성루는 무너져 내리고
피로 얼룩진 세마포로 사이로 교회의 십자가가 보인다
십자가 밑으로 붉은 강 흐른다

난로

눈보라치는 날
잡은 손에서 불씨가 살아나
가슴에서 온몸으로 불길이 타오릅니다
겨울도 여름으로 만드는 당신은 불꽃입니다

무관심은 영상 30도에서도 방을 얼려버렸고
관심은 영하 15도에서 철철 끓는 방을 만들었습니다
당신의 난로는 기름이 있나요

미혹에 걸린 생쥐

창 틈새로 몰래 스며드는 것
미혹에 걸린 생쥐는 고양이를 문다
욕심과 교만은 그물망에서 산다

돈과 재물 쾌락과 거짓을 그물망에 담아
돌리면 지구 몇 바퀴를 돌아 멈추려나
욕심은 물처럼 바다를 채우고 또 채워도 흔적이 없다

미혹은 암처럼 누구든 마취시킬 수 있다
마취되면 욕망의 포로가 되어 생명을 짓밟아
욕망의 불꽃을 피운다
불꽃은 잠시 아름다울 뿐 재만 남는다

안양천 벚꽃의 생애

이른 봄날 안양천엔
삶과 죽음이 공전하고 있었다

시나브로 날리는 꽃잎
핀 꽃잎보다
지는 꽃잎이 더 곱다

우리도 필 때 보다
질 때가 더 고왔으면 좋겠다

다시 한번

구름이 그림을 그리고
바람은 지운다
삶이 습관을 만들고
습관은 운명을 만든다

운명은 길을 막아놓고
그물을 치기도 한다

어두울수록 별은 빛나고
겨울이 깊을수록 봄이 가깝다

다시 한번 일어나라
봄이 그대 앞에서 기다린다

꼬리에 타다

바람이 분다
실업의 바람 분다
알바는 꼬리를 감추고
모래바람이 불어온다

여기가 사막인가
삭막한 가지엔 꽃이 피다 진다
말의 홍수에 목숨이 파도를 타다
빠져도 겁이 없다
평안이다
평화

21.4.18.

숨

숨은 생명이고 죽음이다
숨은 시작이고 끝이다

사람이 죽음과 삶의 경계를
숨이 주장한다

숨을 쉴 수 있으면 살고
못 쉬면 죽는다

이 쉬운 것 숨 쉬는 것
하나님이 허락하지 않으면
쉴 수 없다
숨 쉴 수 있음에 감사하며
행복하다

6부

붉은 장미는 그날도 피고 있었다

천안함의 영웅

시대가
영웅을 탄생시킨다는 말
허사가 아닌 것이

천안함 침묵은
어뢰로 말하는 이 시대의
증언이거니

어찌 태어나지 않겠는가
서해의 영웅이

두 동강 난 천안함
두 동강 난 우리의 영혼
남 탓해서 무엇하리

천안함이 말해주는
두 동강이로 나누어진
이 시대의 증언이거니

부패

안개는 비밀회의 중
기온이 올라가자 악취가 나고
공기는 유독 가스에 몸부림친다

지구뿐만이 아니다
비열한 심장 속에는 구린내로는
말할 수 없는 음모와 모함이
마음을 난도질하고 있었다

겉모습은 우아한데
속이 썩어서 독가스로 꽉 찼다
지구를 궤멸시키는 핵
그보다 더 무서운 건 부패한 마음

핵을 두려워하지 마라
핵 쓰는 악을 두려워하라
핵은 좋은 곳에 쓰면 인류를 살리고
나쁜 곳에 쓰면 인류를 파멸시킨다

장미의 비밀

장미 속엔
악마와 천사가 동거한다

붉은 입술의 입맞춤은
천사의 키스

독 세워 울타리치고 사는
피맛 즐기는 독기는
악마

나는 천사와 악마 중
누구를 더 사랑하는가

말해서 무엇하리
둘 다인 것을

꽃의 밀어

꽃과 꽃이
속삭이는 밀어
귀동냥해본 적 있는가

방언처럼
암호처럼 해독할 수 없어도

붉힌 얼굴 보면
수줍은 말 나오듯

꽃은 부끄럼을 아는
풋내기 사랑이다

태극기여 영원하라

아, 자랑스러운 백의민족이여
저 웅장한 일출의 동방의 나라
그 심장 역사의 칼바람에도 무상하고
고뇌의 목숨 앞에서도 서슬 푸른 역사

혼돈과 격랑의 세월, 때로는 굴욕의 통분으로
당신을 품에 안고 꺼이꺼이 속울음 할 때
비록 붉은 태양은 흑암의 구름에 가려
가슴 저리게도 그 빛 볼 수가 없었습니다

깊은 절망의 늪, 해방을 갈망하는 뜨거운 침묵의 시위에도
사지가 찢기는 나막신에 밟히던 치욕
결단코 다시는 없어야 하리라

그토록 사랑했던 임은 가고
망각한 자의 외면으로 고독한 산인 줄 알았는데
아, 88올림픽과 월드컵이여 눈물겨워라 오대양 육대주

감동의 파도치는 태극기의 물결, 물결
고구려의 그 혼불 타올라라. 대지의 끝
세계인의 심장 울려주는 대한의 기백은
진정 하나님이 보우하사 우리나라 만만세다

불멸의 민족혼이 일체가 될 수 있다면
얼씨구, 저 북방의 금수강산에도 태극기 하늘 끝 높이 휘날리리라
홍 청이 태극의 조화 속에 하나이듯이 남과 북, 너와 나는 불이不二
조국의 영원한 표징, 높은 기상의 깃발 불사의 민족과 함께

영원불멸의 태극기여~!
영원하라!

육이오 소년의 고백

그때 그 순간

나는 이북 황해도 어느 곳에
다섯살 소년으로 버린 바 되었다
총알이 비같이 쏟아지고
포들의 사격이 우뢰처럼 번쩍이던 어느 날

큰누나는 잠깐 여기서 꼼짝 말고 기다려라
하고는 소식이 없다

뱀이 긴 혓바닥으로 어둠을 더듬고
어둠은 나를 얼음 동상으로 만들었다
내 통곡을 깊은 밤이 비웃을 뿐이다

누가 전쟁의 마수의 덫을 놓았을까
나라가 나를 버렸나 내가 나라를 지키지 못했나
흑암 속에 헐떡이는 군상들의 혼은 바람 타고 춤춘다
군대도 총알도 모두 다 미쳐서 범벅이 되었다

땅거미가 내리고 밤은 깊어도
끝끝내 누나는 오지 않았다
누나

순간 유월 장미보다 더 붉은 선혈 분수로 솟아오른다
허공 중에 떠도는 이름 누나
가물거리는 혼미 속에 누나는 웃는다
환상인지 아니면 꿈인지

* 에필로그
6.25 때 어떤 누나와 헤어진 5살 어린이 실화
지금은 어떻게 되었을까

새싹은 보배

무심코 말하지 말자
내 자녀처럼
아니
나에게처럼
희망의 새싹을 키우자

사랑의 나무를 심고
희망의 물을 주고
하나님이 햇빛을 주리니

사랑받고 자란 나무 큰 나무 되고
큰 그늘 만든다
학대 천대받고 자란 나무 삐뚤어지고 쭈그러져서
세상에 걸림돌 되니 그 길이 캄캄하구나

사람아 사람아
새싹은 나라의 보배
소자를 실족케 하면
차라리 연자 맷돌을 그 목에 달고
바다에 던지움이 나으리라

붉은 장미는 그날도 피고 있었다(현충일 추모시)

비에 젖은 유월이
붉디붉은 봉우리 장미를 지게 한 것은 아니다

붉은 깃발처럼 붉은 장미가 피지 않았더라면
내가
붉은 장미 꽃잎이 아니었더라면....

꽃잎을 밟은 자가 누구인가
모른다
총탄이 비같이 쏟아지던 날
전우는 어머니 하얀 가슴으로
돌아가고

운명의 총탄이 옆구리를 뚫고 지나가던 날
너의 고운 손길도 내 눈을 감기지 못한 채
붉은 장미는 그날도 피고 있었다

흰 달

아버지는 어느 날 흰 달빛을 마신 산삼을 캐오셨다
이것만 먹으면 만병통치란다
열다섯 식구는 아껴가며 오래 씹었다
달을 따올 것처럼 힘이 솟구쳐 마당을 뒹굴었다
달빛을 먹은 새순이 자라서 나무가 되어 달까지 뻗었다
큰 나무는 그늘이 되어 온 하늘을 덮어 버렸다
밑에는 캄캄한 밤만 이어지고 산 것들은 시들어 가고 있어도
산삼을 먹은 나무는 더욱 왕성하게 자란다
아무도 막을 수 없는 큰 나무는 스펀지처럼 기운을 빨고
땅은 길게 누웠다
영양실조에 걸린 땅을 흰 달이 조용히 내려다본다
아버지는 이제 알았다
흰 달빛을 마신 산삼을 먹지 말아야 했다는 것을
어느 날
키가 하늘에 닿은 나무는 흰 달의 눈을 찌르고 말았다
나무는 허물만 남기고 허공 속으로 사라져 갔다
쨍쨍한 햇살이 온 대지를 어루만진다
이제 흰 달이 보이지 않는다

영웅

위대한 사람은
낮에는 태양이요
밤에는 별이다
밤낮으로 우상이 되는 사람이다

역사의 인물들
지금은 마른나무처럼
희나리가 되어 바이러스가
되는 인물도 있다

그때도 영웅 지금도 영웅은 없다
물결 따라 영웅도 되었다
역적도 되었다 한다

한 나무가 가만히 있어도
사람들은 썩은 나무라고도 하고
좋은 나무라고도 한다

너

꽃처럼 향기로운
모습이 아니라도 좋다

깊은 산속 침묵으로 서있는 나무처럼
한결같은 너였으면 좋겠어

먹구름에 가린 하늘 캄캄할 때
구름은 떠나고 별이 뜬다고
말해주는 너였으면 좋겠어

폭풍으로 길 잃었을 때
어둠은 빛을 이기지 못한다고
말해주는 너였으면 좋겠어

언제라도 손짓하면
달려오는 너

멀리 있어도 가슴에 호수로
출렁이는 너

착각(코로나 세상)

온 세상이 소牛 세상이다
여기저기 다 소들이다
지하철 백화점 시장에도 소 떼들뿐이다
코뚜레를 한 소들이 여기저기 돌아다닌다

그런데 이상한 것은 소 주인이 있는지
누가 부르면 간다
송아지들도 코뚜레를 했다
안 한 소는 볼 수가 없다
이상한 세상이다
사람은 없고 소들만 산다

따르릉 전화 소리에 깜짝 놀라
오수午睡에서 탈출했다

그런데 꿈속에서 보았던 소들이
절벽 끝에 줄지어 서있다

꿈인지 환상인지 아니면 현실인지
전화 소리는 계속 울리고 있다
사이렌처럼

21.10.26.

브라이스 캐년의 눈雪

사계절의 안면을 바꾸는 너는 가면을 쓰고
원형 경기장에서 첨탑들은 전쟁의 깃발을 높이 든다
바람이 벗이 되고 뇌성벽력도 받아주는
수천만 개의 첨탑 위로 신의 발자국이 찍혀있다

미명의 희미한 북소리 점점 요란하게 울리면
거대한 천상을 난산하는 태동은 시작되고
태양과 입맞춤하는 순간 붉은 구름 꽃으로 피어오른다
설화가 된 요정들이 하얀 이불을 편다

한겨울의 태양은 해로동혈偕老同穴로 묶었다
세상을 품은 눈雪 그 사람의 눈眼을 닮았다

눈보라 속에 어미 잃은 새끼 곰처럼
고드름이 달린 로스 코리아 오늘도 봄을 기다린다
그들의 눈目에 눈雪이 눈물로 흐른다
오늘 브라이스 캐년엔 눈雪이 내린다

* 에필로그
브라이스 캐년에는 장엄한 광경 검붉은 어둠에
아직 눈을 뜨지 못한 미명 신비한 바람 속에 신의 존재
여기에 서보면 신을 부인할 수 없다.

백두산의 두 얼굴

압록강과 두만강
이복형제
엇갈려 흐른다

엇갈린
남과 북의 이데올로기도
다른 이치 좇음인 듯
달리 한 남과 북

백두산
한 뿌리에서 태어난
두 얼굴을 읽는다

필라델피아의 자유의 종

자유의 종 작았지만 그 가치는 하늘만 하다
자유를 짓밟으면 자유의 종이 울린다
크든 작든 식민지가 될 수 있다는 것을
필라델피아 자유의 종 앞에서 알았다

미국은 영국의 덫에서 벗어나자
필라델피아에서 자유의 종이 울려 퍼졌다
국민의, 국민에 의한, 국민을 위한 정부라고 링컨은 외쳤다
나라의 주인은 대통령 아니라 국민이다라고 말했기에
링컨은 위대하다

노예 해방과 자유를 위해 목숨을 건 전쟁
엎드린 겸손과 희생이 신의 손을 잡게 했다
종이 울릴 때마다 꽃잎이 떨어진다

종이 울리면 자유를 앗아가는 악령들이
늪으로 숨는다

하늘이 허락한 자유를 인간이 묶을 수 없다
자유는 숨이기 때문이다

울지 마라 2

울지 말라
괴로움이 바위처럼 가슴 짓눌러도
슬픔이 밀물처럼 밀려와도
네가 울면 내 가슴 찢어지고
네 눈물이 흐르면 내 눈에는 피눈물 흐른다

내 손 잡아라 늦기 전에
내 손을 잡으면 곤한 영혼과
고통의 육체가 낳음을 얻으리니
내 손은 치유의 손 부귀와 장수의 손
평안과 사랑의 손이라 너는 내 손을 잡아라

울지 마라
내가 너를 위하여 십자가 지고
골고다 길 갈 때 넘어져 신음할 때 너는 보았니

쇳덩이 달린 태창을 맞아 살점이 뜯겨 나갈 때
너 어디에 있었니
십자가에 대못으로 두 손목에 못 박을 때
그 고통 상상이나 해 보았니

그때도 나는 너를 잊지 않았다
오늘 네 눈물로 난 아프다
울지 마라

보이지 않는 강

강이 웁니다 나의 강
강이 울 때면 하늘이 몸을 풉니다
풀다 난산으로 하늘도 웁니다

하얀 물보라는 바람의 등을 타고
하늘로 오릅니다
하늘을 만난 물보라는 노래를 부릅니다
노랫소리에
강물은 몸을 뒤틀며 물의 날개를 달고
뛰어오릅니다

강물은 물 벽을 쌓아 무지개를 띄우고
무지개는 강을 포옹해 줍니다
그때 전능자의 손이 눈물 씻겨주니
강은 어머니 품속에서 꿈을 꿉니다

기쁨과 슬픔

기쁨을 만나러 갔더니
슬픔이 먼저 와서 기다리더라

슬픔을 버리려고 슬픔에 거리로 갔더니
더 큰 슬픔이 달려들더라

기쁨의 거리로 가면 슬픔은 뒷걸음질 치더라
슬픔의 거리로 갔더니 기쁨이 도망가더라
기쁨과 슬픔은 어디서나 언제든지 손잡고 다니더라

나도 한 손에 슬픔을 한 손엔 기쁨을 잡고 여행을 하노라
슬픔이 오면 슬픔을 가슴으로 안아주고
기쁨이 오면 기쁨을 안아주자

여행이 끝나는 날 꽃들이 세상을 노래하고
천사들이 사랑을 노래하고
전능자의 축복의 꽃을 피우더라

그곳에는 늙음도 슬픔도 없더라
기쁨과 희락이 춤을 추더라

7부

별빛 속에 꿈꾸는 나무

가을 이야기

낙조 띈 단풍이
아니어도 괜찮습니다

초가지붕 위에 박이 열리지 않고
귀뚜라미가 울지 않아도 좋습니다

앞산에 억새꽃
저 뒤 강가에 갈대가
춤추지 않아도 됩니다

왜냐하면
당신이 가을이기 때문입니다

사랑의 양면

사랑은 꽃
피워 꽃잎과 꽃잎
입맞춤하면
밀어密語도 붉지

사랑은 폭포
가슴 범람하는
그리움 갈기 세우면
물줄기로 쏟아 내리는
폭포가 되지

사랑은 동전의 양면
미움도 사랑임을 알면
안과 밖이 다른 것이
사랑임을 아는 법

해수海愁

바다마다
이별로 흘린 눈물 때문에
짜디짜다

짜고 또 짜도
나오지 않는 눈물

사랑이 달다란 말은
허사 이거나 잘못이다

더 잘못된 것은
짠 줄도 모르고
이별을 모르는
가짜 눈물의 해수海愁다

여심

당신의 수고로 울타리 친
작은 집 하나
나는 시방
이 집의 웃는 꽃이다

고달픈
하루를 짊어지고 들어선
당신
나는 당신의 지팡이

작은 뜰 가꾸어
당신이 쉬어가고 싶을 때
꽃으로 피는 작은 화원

그 화원에
물을 주는 당신 때문에
행복한 꽃이 되었습니다

고삐

세상 쾌락 날 오라 하네
가도 가도 만족이 없는 길
이슬비에 옷 젖듯이
죄악에 옷 젖어 미로를 헤매고 있네

그때 사랑의 고삐 잡아당기시면
세상 번뇌 광풍 노도 같이 밀려와
사금파리 꿈 공포의 고삐가 되네

금전의 고삐 고독의 고삐
아픔의 고삐 절망의 고삐 잡아당기시면
통증으로 밤을 새울 때 알았네

세상에 마음 두면 주님이 계실 곳 없네
세상 사랑하지 말라고 고삐를 주셨네
빛과 소금 되라고 고삐를 잡으시네

인생이 아니지

붉은 단풍을 와락 끌어안았다
그만 꽃비처럼 흩어져 내린다
내 사랑처럼

내 사랑은 단풍보다 더 아름다웠다
가슴이 맞부딪쳐서 추억이 되었다
추억 속에 가을은 외면하는 바람이었다
그리움 토해내는 꽃이었다

가을은
외로움을 품고 억새꽃을 잉태하였다
억새는 미쳤다
하얀 머리로 나를 오라 부른다

미치지 않으면 가을이 아니지
인생이 아니지

하얀 찔레꽃

어머니 신발 닮은 하얀 찔레꽃
첫 별이 뜨면 어머니는 바구니를 이고
하얀 찔레꽃으로 오신다

뻐꾸기가 울면 찔레꽃은 피고
달빛에 시린 하얀 찔레꽃이
어머니 웃음으로 밤을 물들인다

찔레꽃이 바람에 흩날리면
하얀 꽃길을 내어
천상의 어머니는 그 길로 오셔서

찔레꽃보다 더 하얀 내 머리를
가슴으로 품었다

사랑의 의미

사랑은
짐도 매주고 꽃밭도 만들어 줍니다
모든 허물을 흙으로 덮어주며
언제나 내 편에 섭니다
수다라도 그냥 들어 주고
풀잎은 풀잎대로 사랑하고
장미는 장미대로 조건 없이
그 모습 그대로를 사랑하는 것입니다

천명天命 / 부모에게

옥토에 좋은 씨 심으면 좋은 나무
자갈밭에 나쁜 씨 뿌리면 병든 나무
연약한 나무라도 사랑의 눈으로 보면
효자가 되고
실한 나무도 미운 시선에 가두면 불효자 된다

자녀를 노엽게 마라
죽일 마음을 갖지 마라
잠시 맡긴 선물을 네 것인 양 학대하지 마라

사랑으로 양육하고 선한 길로 인도하라
잉태孕胎하지 못한 태가 가장 불쌍하다
자녀는 우리의 기업이요 선물이요 축복이다

자녀를 편애하지 말고 공평하게 대하고
사랑으로 울타리치고 기뻐하라

천명天命 / 자녀에게

부모는 하나님의 대리자다
무소불위無所不爲의 권력도 부모를 대신할 수 없고
하나님은 좋은 부모만 공경하라고 하지 않았다

부모는 부족하고 완벽하지는 않다
그럼에도 불구하고 모욕하거나 부끄럽게 하지 마라
부모 치는 자 반드시 죽일지니라
부모를 저주하는 자 반드시 죽일지니라

지금 부모님 때문에 힘든 분
축복을 받기 위한 고통의 터널을 통과하는 중입니다
네 부모를 공경하라 그리하면 장수하고 형통하리라

천국 주소

천국 주소 좀 가르쳐주세요
신약 구약 66권을 보면 주소가 있습니다
그 주소는
주 예수를 믿으라 그리하면
너와 네 집이 구원을 얻으리라

영혼은 눈에 보이지 않는 또 하나의 육
영원한 생명은 없다
메멘토 모리 모두 죽습니다 언제인지는 미지수

호스피스 간호사가 본 마지막 모습
빛의 마차로 천사가 오면 웃으며 가는 천국행

저승사자가 오면
괴성을 지르며 몸부림치며 가는 지옥행

당신을 사랑하기에

눈에 이슬이
여름날의 홍수로 내립니다
사랑하기에

연기 같은 고독이
미디안 광야의 모세 가슴으로 밀려옵니다
비에 젖은 외로움이 야곱에 돌베개로 젖어옵니다
하늘과 땅이 철鐵이 되는 막막함이

요셉의 지하감옥으로 내려갑니다
당신이 사랑하기에
눈물을 주셨고 고독을 주셨고
외로움을 주셔서 당신 가까이에 두셨습니다

당신을 믿고 사랑하는 자에게
야곱의 축복으로 모세의 지도자로 요셉의 총리로
당신을 은혜의 강 건너 축복의 바다로
결단코 인도해 주실 것입니다

흐르지 않는 강

압록강과 두만강이
엇갈려 흐른다
우리도 엇갈려 흐른다
약자의 비명이 댐이 되었다
흐르지 못하고 터질 듯 안개만 짙다

안갯속에서 피어오르는 검은 연기
그 연기에 질식하는 나무들
붉게 피멍이 들어 신음소리 들린다

외마디 소리 비명을 질러도 뚫어지지 않는 가슴
흐르지 않는 강 언제쯤 흐를 수 있을까
등짝까지 붙은 배 채울 수 있을까
목까지 차오른 슬픔 없앨 수 있을까

주님의 사랑으로 흐르고 싶어라
하나 되어 흐르고 싶어라

기적

갈은 콩깍지의 다른 형제 행 불행이 교차한다
복 찾아 헤매 도는 붉은 눈망울 풍차를 타고 빙빙 돈다
기적도 잡힐세라 허공 속으로 숨는다

눈 부신 태양이 아침을 시식하고
저녁 바다는 붉은 해를 통째로 삼키다
복통으로 몸살을 앓는다

파도를 밟고 가는 남자 옥색 치마를 펼친 여인
흔적 없는 바람의 길 맞설 수 없는 태양의 눈
일상의 은밀한 기적들이 너무 싼 가격에 팔려나간다

잴 수도 달아볼 수도 없는 우주의 무게
몇천 광년의 우주를 폭포처럼 쏟아지는 은하수
돌고 돌아도 충돌은 허락하지 않았다

생각의 바람은 무소불위無所不爲 아무도 막지 못한다
신은 생각을 잡아서 빙빙 돌려서 던져 버렸다
영육이 교차하는 삶과 죽음 기적의 강가에서
고장 난 세상이 삐꺽거리며 기적의 강을 건너고 있다

비상飛上

날려고 애쓰지 마라
힘과 용기 열정이 생기면
저절로 날리라

광풍이 몰아치고 번개가 쳐도
날 수 있을까

세상을 향한 바램이
굳센 날갯짓으로 햇살에 번쩍일 때
그때 높이 비상하리라

존재의 이유

아득한 산골에 한 송이 꽃일지라도
장미를 부러워하지 않는다
자신만의 향기로 당당하다

사람 또한 그렇다 자신의 색깔과 향기로 산다
들풀도 밟으면 일어나고 밟은 자를 탓하지 않는다

영웅 나폴레옹 칭기즈칸 그들 또한
브레이크 없는 욕망의 전차로 피의 기록을 남겼을 뿐
모든 전쟁은 하나님께 속했나니 다 안개니라

사람아 역사는 피 토하며 증언해도 눈 감고 귀 막는구나
비교하면 비천해지고 탐내면 도둑이 되고
욕심내면 눈이 먼다

세월을 타고 떠도는 구름에서 덧없음을 배우고
바람 길로 다니는 사랑은 슬픔을 만나서 눈물 꽃 피우고
아무도 피할 수 없는 종착역

흙과 뼈

원래는 뼈였는데 흙이 품었을 때 진주가 되었다
뼈는 반짝이는 별처럼 총명하고 꽃처럼 어여쁘다

흙과 뼈가 하나가 될 때 위대한 탄생이 시작된다
뼈가 흙을 품을 때 고통으로 별 하나씩 잉태한다

흙은 무관심해서 뼈를 잘 품지 못한다
흙이여 뼛속에 생명이 있고 그 속에 꿀이 있다
뼈여 흙 속에서 별이 된다

흙의 역사를 만드신 분 알파와 오메가다
다른 뼈를 품으면 흙이 오염되고 뼈는 썩어
역사의 문고리도 보이지 않는다

아무것도 아닌 것

사랑은 꽃
아름다워도 시들면
아무것도 아닌 것

사랑은 하늘
금방 먹구름 끼었다
말개지는
변덕장이

사랑은 동전 한입
사랑하다 돌아서면
아무것도 아닌 것

그것에 울고 웃는
인간은
더욱
아무것도 아닌 것

축하의 글

— 이광복((사)한국문인협회 명예회장, 시인)

강은혜 시인의 시집 출간을 축하합니다.

강 시인은 겸손하고 근면하고 성실한, 그러면서
매사에 최선을 다함으로써 많은 사람들로부터 주목을
받아왔습니다.

이 시집 출간을 계기로 강 시인의 문학세계가
한층 창대하게 빛나리라 확신합니다.

— 엄창섭(카톨릭관동대명예교수, 김동명학회회장, 신문예고문, 시인)

강은혜 시집 『날개』에서 모름지기 "일상성의 차별성과 감성적 호응의 일면"에서 '사랑은 수천 개의 날개가 있다'의 일례나 또는 '붉은 장미는 그날도 피고 있었다'라는 그 자신의 따뜻한 감성을 순수서정에 담아 비교적 지성에 갈 앉은 낮은 선율로 '문지방에 걸터앉은 바람'으로 형상화한 시적 기법은 더없이 경이로워 그 자신의 존재감은 또 하나의 신선한 바람이다.

화자의 맑은 영혼과 따뜻한 감성을 날개로 높이 나르고 싶은 자유로운 바람의 영혼은 끝내 "욕망의 무게보다 순수의 무게가 더 무거워야 하리"라는 기대감은 못내 절박하다.

또 한편 비록 강은혜 시인에게 "갈매기나 학 또는 아크루스의 날개"는 없을지라도 시적 상상력이 있기에 자유로운 무한공간을 향해 날아오를 수 있다. 까닭에 이같이 형상화한 놀라운 시적 기법은 또 하나의 신선한 충동이다.

– 박진환(조선문학 교수 대표회장, 시인)

날개에 대해 내가 아는 것은 그리움을 전하기 위해
내가 사육하는 새의 날개 밖엔 아는 것이 없다.

그런데 강은혜 시인의 시를 읽고 천사의 날개 갈매기의 날개
새의 날개와 같은 비상의 이미지로서의 날개가
천상을 향한 묵시적 이미지란 걸 알았다.

아무쪼록 비상의 날개가 됐건 시의 날개가 됐건
'날개'란 타이틀로 상재 한 이번 시집이 강은혜 시인의 시는
물론 한국시의 발전에 크게 기여했으면 싶고
또 그런 것으로 기대해 본다.

욕망과 절제의 합리성, 그 성찰의 미학

– 지은경(문학평론가. 문학박사. 시인)

세상의 고통과 슬픔의 근원을
들여다보는 시인은 삶의 진실을 통찰하고자 한다.

시 '날개'는 인간의 원초적 욕망에 대한 존재의 본질을
왜곡하는 것이 아닌
뒤틀린 욕망을 비판하는 생명성의 시이다.

여러 편의 시 '날개'들은 분수와 절제라는 시적 함축과
은유의 수사이며 과유불급過猶不及이라는
교훈을 남기고 있다.

강은혜 시인은 독실한 크리스챤으로서 인간의 도덕과 규범,
욕망과 본능이라는
두 축을 중심으로 전개되는 양가감정에서 인간의
오만한 태도를 견제하고자 한다.

– 김기진(시가흐르는서울 대표. 시인)

강은혜 천지시낭송회 회장님의 시집 『날개』를 상재하면서 한마디 축하의 글을 청하여 주시어 책의 부별 제목을 보니 이른 시일에 읽어 보고 싶다는 생각이 들었습니다.

평소 강은혜 시인님의 작품이 훌륭함을 익히 알고 있지만, 이번 '날개'는 더욱 격상되었으리라 생각되어 기대하고 있습니다.

– 김용택(온세계교회 원로목사)

강은혜 시인은 소녀다운 감성이 풍부한 분입니다.

이 분의 시를 읽으면 지금에서 지나온 과거로, 지금에서 앞으로의 미래로 우리를 인도합니다.

강 시인의 글에는 그림 언어가 베어있어 수채화의 세계를 보게 합니다.

이와 같은 시인의 시상은 우연이 아니라 지나온 나날들의 발품과 뇌세포를 넘어 체세포의 입력된 지나온 격랑의 시간들이 강 시인 안에 용해되어 새로운 시어로 잉태되었습니다.

그러기에 삶에 지친 우리에게 위로요 소망이요 용기를 줍니다.

강 시인은 남다른 감성과 민감한 시선으로 삶을 관조합니다. 『날개』를 읽으면 처진 여러분이 날개 달아 높은 곳을 향하여 훨훨 나르면 좋겠습니다.

– 이승원(온세계교회 담임목사)

강은혜 시인의 묵상과 생각의 깊이를 감히 측량할 길이 없습니다.

단어 하나 문장 하나에 담긴 깊은 영감과 고뇌의 흔적이 마음을 뭉클하게 합니다.

'날개'라는 일상의 주제로 타인들은 결코 보고 느낄 수 없는 깊은 영적 세계를 통찰하는 작가의 탁월한 시선에 박수를 보내며, 이 시집을 추천합니다.

이 시집을 읽고 계신 당신은 어느새 절망의 땅을 박차고 일어나 희망의 날개를 달고 비전의 하늘로 훨훨 날아오르고 계실 것입니다.

이 특권을 만끽하시기를 바랍니다.

– 김영복(서울사랑교회 담임목사. 사랑복음방송 대표)

강은혜 시인님의 시『날개』란 시 제목이 독특하고 귀한 맛을 내는 특이한 제목에 매료되어 흠뻑 빠지게 합니다.

강은혜 시인님은 단아하고 마음도 순수하며 목화솜 같이 포근하고 이북 동포에 대한 애절한 사랑을 품고 기도합니다.

바쁘신 와중에 시집 상재를 축하드립니다.

우리 모두 독수리처럼 높이 날아오르기를 바라며 이 시집『날개』를 추천합니다.

– 최정옥(어린이집 원장. 시인)

강은혜 시인님은 시낭송을 위해서도 정열적으로 노력을 많이 하시고 문학 발전에 노력하시는 분으로 『날개』 시집 상재를 축하드립니다.

이 시로 인해서 문학계의 새로운 발전을 이루기를 바랍니다.

언제나 인간 근본의 형이상학적인 시로 예수님의 화평의 날개로 더욱 문학 발전에 기여하시길 바랍니다.

– 이인순(하늘의 띠 선교회 대표 회장. 목사)

강은혜 시인님을 만난 지도 어언 10년이 넘었네요.

언제나 한결같은 마음으로 서로를 격려해 주는 시인님 이번에 『날개』 시집 상재를 축하드립니다.

외롭고 소외된 사람들을 위해 시를 쓴다고 말씀하신 시인님 이번에도 절망한 분들의 등불이 되는 시로 희망을 주시기 바랍니다.

하나님의 영감으로 날개 시가 날개를 높이 달고 훨훨 날아올라 문학세계와 사회의 빛과 소금의 역할을 감당하시길 기도드립니다.

날개

인쇄 2024년 3월 7일
발행 2024년 3월 15일

지은이 강 은 혜
펴낸이 김 언 경
펴낸곳 홍익출판사

주소 / 대구시 중구 명륜로23길 38-4
전화 / 053)421-6700, 427-3627
팩스 / 053)423-5965
등록번호 / 1987년 11월 26일 제1-107호
E-mail / hongick8821@daum.net

정가 12,000원

ISBN 978-89-7826-314-6 03810